Lucien M.

Les virus affectent-ils les nouveaux téléphones mobiles ?

Lucien Mandeng Mandeng

Les virus affectent-ils les nouveaux téléphones mobiles ?

Le cas des petits ordinateurs et téléphones de dernière génération

Éditions universitaires européennes

Mentions légales / Imprint (applicable pour l'Allemagne seulement / only for Germany)
Information bibliographique publiée par la Deutsche Nationalbibliothek: La Deutsche Nationalbibliothek inscrit cette publication à la Deutsche Nationalbibliografie; des données bibliographiques détaillées sont disponibles sur internet à l'adresse http://dnb.d-nb.de.
Toutes marques et noms de produits mentionnés dans ce livre demeurent sous la protection des marques, des marques déposées et des brevets, et sont des marques ou des marques déposées de leurs détenteurs respectifs. L'utilisation des marques, noms de produits, noms communs, noms commerciaux, descriptions de produits, etc, même sans qu'ils soient mentionnés de façon particulière dans ce livre ne signifie en aucune façon que ces noms peuvent être utilisés sans restriction à l'égard de la législation pour la protection des marques et des marques déposées et pourraient donc être utilisés par quiconque.

Photo de la couverture: www.ingimage.com

Editeur: Éditions universitaires européennes est une marque déposée de
Südwestdeutscher Verlag für Hochschulschriften GmbH & Co. KG
Heinrich-Böcking-Str. 6-8, 66121 Sarrebruck, Allemagne
Téléphone +49 681 37 20 271-1, Fax +49 681 37 20 271-0
Email: info@editions-ue.com

Produit en Allemagne:
Schaltungsdienst Lange o.H.G., Berlin
Books on Demand GmbH, Norderstedt
Reha GmbH, Saarbrücken
Amazon Distribution GmbH, Leipzig
ISBN: 978-3-8417-9634-9

Imprint (only for USA, GB)
Bibliographic information published by the Deutsche Nationalbibliothek: The Deutsche Nationalbibliothek lists this publication in the Deutsche Nationalbibliografie; detailed bibliographic data are available in the Internet at http://dnb.d-nb.de.
Any brand names and product names mentioned in this book are subject to trademark, brand or patent protection and are trademarks or registered trademarks of their respective holders. The use of brand names, product names, common names, trade names, product descriptions etc. even without a particular marking in this works is in no way to be construed to mean that such names may be regarded as unrestricted in respect of trademark and brand protection legislation and could thus be used by anyone.

Cover image: www.ingimage.com

Publisher: Éditions universitaires européennes is an imprint of the publishing house
Südwestdeutscher Verlag für Hochschulschriften GmbH & Co. KG
Heinrich-Böcking-Str. 6-8, 66121 Saarbrücken, Germany
Phone +49 681 3720-310, Fax +49 681 3720-3109
Email: info@editions-ue.com

Printed in the U.S.A.
Printed in the U.K. by (see last page)
ISBN: 978-3-8417-9634-9

LES NOUVEAUX TELEPHONES MOBILES ET LES PETITS ORDINATEURS PEUVENT-ILS ETRE ATTAQUES PAR DES VIRUS ?

Par Lucien Mandeng Mandeng

REMERCIEMENTS

Nous remercions tous ceux et celles qui de près ou de loin ont contribué à l'achèvement de ce travail et nous ont accompagné tout au long de notre formation :

- Aux enseignants, tuteurs, responsables académiques et administratifs des formations MIAGE[1] de la D.E.P[2] de l'Université de Picardie Jules Verne d'Amiens, une pensée particulière est adressée à Monsieur Cochard ayant proposé le sujet objet de ce travail, à Monsieur Josse le coordonnateur des activités pédagogiques de la formation et qui a toujours été là à l'écoute des besoins, requêtes et doléances des étudiants, aux tuteurs M. Akeb Hakim, M. Yves Pierre-aillet, M. Richard Chaigneau, bref à tous ceux qui nous ont encadré.

- A notre famille, en commençant par nos parents M. et Mme Mandeng qui ont toujours été là pour nous, prompts à nous soutenir quelque soit la difficulté tant morale, financière et autre, nous tenons ici à leur témoigner toute la reconnaissance que nous leur devons, ainsi qu'à nos frères et sœurs Antoine, Sylvie, Patrick, Derrick, Dady, Nadège, Junior et Achille et nos cousins dont la présence n'est pas étrangère à la tranquillité spirituelle nous ayant permis de rédiger dans la sérénité ce livre.

- A nos camarades et ami(e)s de la formation dont la collaboration dans les divers travaux et projets collectifs a permis des échanges bénéfiques à notre formation, à notre capacité de travail en équipe et certainement à une meilleure analyse du sujet traité dans ce livre, nous pensons à Mlle Gisèle Tchuisseu, Mme Elisée Kantiono, à M. Marcel Isokumu Nzongo, M. Landry Mbe Ndetatsin, à Mlle Valérie Ouafo Meka, M. Selman Chemli bref à tous ceux avec lesquels nous avons eu privilèges d'échanger.

---

[1] Consortium MIAGE = Méthodes Informatiques Appliquées à la Gestion d'Entreprise.
[2] D.E.P = Direction des Etudes Permanentes de l'Université de Picardie Jules Verne.

1

- A notre amie Fatima – Zahra BOUSSETA pour son soutien moral, ainsi que pour les échanges instructifs et qui a eu à nous transmettre une bonne documentation sur divers sujets traités dans certains modules de la formation sans lesquels, nous aurions eu des difficultés à avancer.

- A nos ami(e)s et connaissances qui nous ont apportés une aide même parfois à leur insu, à la réussite de notre formation, nous pensons à M. Adamou Nchangé (dont l'exemple par la réussite d'une F.O.A.D[3] par le biais de l'A.U.F[4] a motivé notre initiative de faire la formation MIAGE), à M. Cheikh (alors étudiant finissant à l'Ecole nationale polytechnique de Yaoundé en Informatique) pour ses précieux conseils, idées nous ayant permis de mieux cerner le domaine de l'informatique tant en programmation que dans la modélisation des bases de données.

La liste des personnes à remercier ne pouvant être exhaustive, nous signifions à tous ceux dont les noms ne figurent pas ici, qu'il ne s'agit pas d'un oubli délibéré de notre part et qu'une pensée de reconnaissance leur est adressée par cette dernière phrase : une fois de plus merci à tous.

---

[3] F.O.A.D = Formation Ouverte A Distance.
[4] AUF = Agence Universitaire de la Francophonie.

Par Lucien Mandeng Mandeng

Ce travail est dédié à la mémoire de notre grand-mère maternelle Marguerite.

Par Lucien Mandeng Mandeng

AVANT – PROPOS

Dans un monde en perpétuel mouvement, en évolution continuelle tant d'un point de vue idéologique de par les courants de pensées qui naissent et sont véhiculées sur les médias, que du point de vue de la technologie, en l'occurrence celles de l'information et de la communication, il est normal pour un observateur averti de faire l'état des lieux sur les points positifs et négatifs des innovations afin de mieux se repérer dans cette dynamique vertigineuse. L'un des exemples les plus spectaculaires en points positifs des récents changements dans le monde technologique, pour ne parler que de ceux là, est l'apparition des medias évolués appelés couramment T.I.C[5] permettant la véhiculation de l'information de façon automatique, rapide et massive (à grande échelle) ; nous pouvons citer les ordinateurs, micro-ordinateurs fixes et portables, téléphones fixes et mobiles, satellites, internet et plus spécifiquement les réseaux sociaux numériques, la liste n'étant pas exhaustive en considérant les opérateurs commerciaux évoluant dans ce marché : IBM, Dell, HP, ACER, SONY, NOKIA, SONY, SAMSUNG, ALCATEL, APPLE, GOOGLE, FACEBOOK etc. Il n'existe pas de qualificatifs pouvant décrire l'apport incommensurable de ces avancées technologiques dans la vie quotidienne du citoyen lambda dans un monde devenu de plus en plus globalisant du point de vue de la mondialisation. Et cela ne s'arrête pas, tous les jours apparaissent de nouveaux appareils automatiques, intelligents fonctionnant soit comme des ordinateurs, soit comme des téléphones et parfois les deux à la fois, permettant de véhiculer l'information à travers le monde entre les individus avec une performance progressivement meilleure et des fonctionnalités sans cesse nombreuses (en parlant des nouveaux téléphones mobiles comme l'iPhone[6] et l'IPAD[7] d' APPLE). Cette évolution vertigineuse, pourrait déstabiliser tout individu réfractaire à la technologie, lui procurant le sentiment d'être totalement perdu dans un monde où être analphabète est devenu celui qui ne parle pas T.I.C ou n'est pas à jour quant aux nouvelles sorties d'ordinateurs ou de téléphones mobiles. Cependant, un fait remarquable tenant lieu

---

[5] T.I.C : Technologies de l'Information et de la Communication.
[6] Téléphone intelligent de dernière génération mis sur le marché en 2007 par APPLE INC (Réf. [1]).
[7] Tablette tactile intermédiaire entre les smartphones et les ordinateurs portables, mis sur le marché par APPLE INC en 2010.

de gros point négatif impossible à ignorer et venant noircir ce tableau aux allures de contes de fées est l'existence des virus informatiques. Il est clair qu'en observateur averti, donner la part belle aux seuls points positifs apportés par l'avènement des T.I.C sur les échanges des humains, de la connaissances et autres, tout en occultant leur danger que représentent les virus reviendrait certainement à manquer à une qualité intrinsèque à l'esprit scientifique qu'est l'objectivité sans laquelle l'évolution, l'innovation, les mises à jours desdites technologies seraient tout bonnement impossible. Heureusement, si les innovations se font dans la régularité décrite plus haut, c'est dire que les constructeurs et fabricants ont pris la mesure du fléau.

En effet, comme leurs cousins biologiques, les virus informatiques se multiplient dans les systèmes informatiques et causent des dommages parfois irréparables et pouvant se chiffrer en milliards de dollars, créant ainsi un halo d'insécurité pour toute entreprise voulant investir dans le domaine des T.I.C[8]. Compte tenu des avancées sur l'amélioration des machines : ordinateurs devenant de plus en plus petits, portables, léger bref miniaturisés et les téléphones mobiles ayant progressivement des fonctionnalités nouvelles (G.P.S[9], systèmes d'exploitation, accès internet etc.), il est convenable de se poser la question de savoir : *se pourrait-il que les nouveaux téléphones mobiles et les petits ordinateurs soient affectés par les virus informatiques ?*

Il s'agira donc pour nous tout au long de ce travail, d'apporter des éléments de réponse à cette question en commençant par présenter dans le premier chapitre les généralités sur les virus informatiques, le second chapitre étant consacré à traiter du sujet en ce qui concerne les petits ordinateurs et le troisième aux nouveaux téléphones mobiles, une conclusion est faite à la fin de ce livre.

---

[8] Cf. Ref. [2].
[9] GPS = Global Positioning System = Système de localisation géographique.

Table des matières

« *En apercevant un(e) jeune « geek » entrain de pianoter de manière concentrée sur son petit ordinateur portable, on se poserait la question de savoir, s'il (ou elle) n'est pas encore entrain de créer un virus informatique pour nuire à autrui … »*

Chapitre 1 :   Généralités sur les virus informatiques

1.1   Définition

La petite anecdote[10] ci – dessus, au lieu de nous donner le sourire, devrait plutôt attirer notre attention sur le fait que ce qu'on entend par « virus informatique » est une véritable calamité du monde informatique : car si on entend souvent parler d'insécurité informatique, c'est surtout d'eux (les virus informatiques) dont on parle.

Les virus informatiques sont nés de l'idée selon laquelle il était possible numériquement de concevoir un programme capable de se reproduire comme un virus biologique tout en ayant des actions néfastes sur la plateforme qui l'abrite. La véritable différence entre les virus informatiques et les virus biologiques est leur origine qui pour les premiers est essentiellement humaine [3 – 5].

La définition communément rencontrée dans la littérature pour décrire les virus informatiques, c'est qu'il s'agit de tout programme informatique dont le but est de dénaturer ou détruire les données en effectuant des opérations en général non autorisées sur l'ordinateur qui l'héberge [5]. Il convient donc d'énumérer les principales catégories de virus rencontrées.

---

[10] Geek = néologisme et nouvelle tendance du 21ème siècle, se dit d'une catégorie de personnes particulièrement obnubilée par les T.I.C et en général asociales. C'est une déformation du mot « génie ».

1.2 Types de virus informatiques

Il existe plusieurs types de virus informatiques. La distinction de ces types est souvent ambigüe compte tenu du caractère polymorphe de certains virus qui peuvent de par leur action se retrouver dans tous les types. Toutefois, juste pour un aperçu général, il est tout à fait convenable de distinguer les types suivants [2 – 5] :

⇨ **Les bombes logiques** qui sont des programmes malveillants se déclenchant à une date précise, ou à un évènement précis (instruction, commande...), ils sont appelés virus à déclenchement différé.

⇨ **Les chevaux de Troie (Trojans)** comme leur nom l'indique, ils font référence de part leur fonctionnement au mythe grec du cheval de Troie[11]. Ce sont des programmes malveillants qui sont en général logés dans d'autres applications, logiciels et dont l'action est ainsi masquée par le fonctionnement desdits logiciels. Les programmes malveillants tels que les « Backdoors » ou « portes dérobées » font partie de ce type.

⇨ **Les macrovirus** qui s'exécutent dans les macro-commandes des logiciels bureautiques par exemple les applications de la suite bureautique **Office**[12] de **Microsoft Corporation.**

⇨ **Les virus de boot** qui font partie des virus dits systèmes car affectant les secteurs de démarrages de la machine. Leur action néfaste peut conduire à empêcher le démarrage de la machine.

⇨ **Les vers** qui ne sont pas à proprement des virus car ne pouvant se multiplier et en plus leur mode de contamination n'est que le réseau de machines en l'occurrence internet.

---

[11] Un peu de mythologie : « Les grecs voulant s'emparer de la ville de Troie (véritable forteresse), élaborèrent un plan selon lequel ils devaient fabriquer un grand cheval de bois dans les soldats seraient cachés. Un espion grec convainquit les Troyens de recevoir le cheval parmi eux car dotés d'étranges pouvoirs susceptibles de la protéger de toute menace. Ces derniers ne voyant pas le subterfuge seraient surpris par l'envahissement de leur cité par des soldats subitement sortis du grand cheval. » (Cf. Réf. [6]).
[12] Word, Excel etc....

⇨ **Les canulars (hoax) ou faux virus** qui sont tout aussi dangereux que les vrais virus, en général transmis dans des mails d'origine inconnue comme les *spams*[13].

Afin de mieux appréhender la notion de virus informatique, il est intéressant de faire un bref retour en arrière dans le temps.

1.3 Historique sur les virus informatiques célèbres

Les prémices en sont apparues très tôt dans l'histoire de l'informatique. Selon l'encyclopédie numérique de Microsoft (Version junior 2009), deux ingénieurs américains s'adonnaient vers les années 1960 à attaquer la machine de l'autre en se servant d'un petit programme [7]. Cependant, le véritable premier programme nuisible aux caractéristiques de virus informatique apparaît en 1983 par le biais de l'étudiant américain Frederick Cohen [7]. Son virus, bien qu'assez simpliste comparativement à ceux d'aujourd'hui, était capable d'infecter un autre ordinateur en s'introduisant dans un fichier. Ce n'est que trois ans plus tard (1986), que les virus informatiques populaires de l'histoire de l'informatique voient le jour avec le virus surnommé « Brain » conçus par Basit et Amjad Farooq Alvi [3, 5], une vidéo intéressante lui est même consacrée à la référence [8]. D'autres encore plus populaires du point de vue des dégâts causés suivront avec l'avènement d'internet, comme le ver « *RTM* » de l'étudiant Robert T. Morris en 1988 qui infecta près de 6 000 ordinateurs avec un montant des dégâts estimés entre 10 et 100 millions de dollars[14] [9], la bombe logique « *Michelangelo* » en 1992 qui infecta 200 000 appareils [4], le virus « *I love You* » déclenché le 4 Mai 2000 et célèbre pour ses 3 100 000 ordinateurs infectés en quatre jours avec environ 7 milliards dollars supposés de dommages causés ! [10], le célèbre ver « *CodeRed* » qui infecte près de 350 000

---

[13] Selon la source http://fr.wikipedia.org/wiki/Spam, il s'agit d'un courriel non sollicité.
[14] Dollars U.S

machines en 24 heures ! [3] et beaucoup d'autres virus : il est supposé exister plus de 50 000 virus informatiques à ce jour [7]…

De ce qui ressort de ce bref historique, on retient que les virus informatiques naturellement ont commencé par infecter les premiers ordinateurs d'abord en local puis ensuite en réseau (internet). C'est ce qui a conduit à la naissance d'un tout nouveau marché : celui de la prévention et de la sécurité informatique.

1.4 Méthodes de prévention et de destruction des virus

Comme pour leurs cousins biologiques, les virus informatiques sont combattus par deux méthodes : **la prévention et la cure** [3, 4,7].

a. La prévention :

Pour ce qui est de la prévention, elle porte sur l'attitude de l'usager (Entreprises[15] ou personnels) dont voici quelques règles :

⇨ *En local*
- Avoir un appareil protégé par un anti – virus régulièrement mis à jour.
- Toujours faire analyser par l'anti – virus ou tout autre détecteur de virus, tout support de stockage externe de provenance douteuse avant d'y effectuer des opérations avec sa machines.
- Limiter les autorisations sur les opérations à effectuer sur la machine (par exemple l'installation d'applications). Certains systèmes d'exploitation récents comme « Windows 7 », demandant systématiquement l'autorisation de l'administrateur de l'appareil pour chaque installation de programme (bien que certains virus arrivent toujours à contourner cette mesure).

⇨ *En réseau*

---

[15] Celles – ci compte tenu des enjeux que soulève la sécurité informatique, disposent de services entièrement dédiés à mise en place de la sécurité.

- Eviter de télécharger tout et n'importe quoi sur internet, la plupart des logiciels dits gratuits hébergent des « chevaux de Troie », des « keylogger ».

- Faire attention de ne pas ouvrir les mails d'origines inconnues ou douteuses : risques de contamination par des vers, des « hoax ».

- Installer des pare – feu, filtres, sondes, anti – spammers, anti – spywares etc.

Toutefois, certains systèmes d'exploitation pour appareils informatiques complexes comme les micros – ordinateurs, inactivent complètement à la base tout programme malveillant (qui tenterait comme les chevaux de Troie, de s'exécuter sans l'autorisation de l'usager), de part leur politique de sécurité drastique, par une restriction sur les opérations commandées par l'utilisateur. C'est le cas du système à code source ouvert (*Open source*) et à licence libre GNU[16] : **Linux** [11,12], **Mac OS X** d'APPLE INC, d'**UNIX**[17] ou de **Free BSD** (l'UNIX libre). Certains utilisateurs pour cette caractéristique, optent pour ces systèmes (ils s'affranchissent en quelque sorte de l'usage courant d'anti-virus), bien que ceux – ci soient moins populaires et hégémoniques que « Windows » de Microsoft. Cela ne veut pas dire pour autant qu'ils sont invulnérables aux virus : ils le sont moins comparativement à « Windows » selon un article sur le site « commentçamarche » [12]. Selon l'article sur « Wikipédia », l'encyclopédie électronique libre [11] :

« [...] La majorité de ces systèmes, en tant que variantes de l'architecture UNIX (BSD, Mac OS X ou Linux), utilisent en standard une gestion des droits de chaque utilisateur leur permettant d'éviter les attaques les plus simples, les dégâts sont donc normalement circonscrits à des zones accessibles au seul utilisateur, épargnant la base du système d'exploitation. »

[16] GNU = Licence publique générale.
[17] Operating System (O.S) ou système d'exploitation développé par l'Université de Berkeley (U.S.A) : http://fr.wikipedia.org/wiki/UNIX.

En fait, si les virus sous ces systèmes d'exploitation sont moins virulents, c'est surtout lié au fait que compte tenu de l'hégémonie de Windows sur le marché des systèmes d'exploitation pour micro – ordinateur, les fabricants de virus ont tendance à préférer créer des virus infectant Windows, pour la simple raison qu'ils souhaitent toucher le plus grand nombre d'usagers[18].

b. La cure :

Il s'agit ici, lorsque l'appareil est infecté par un virus, de l'éradiquer à l'aide de l'anti – virus qui se servira de sa base de données pour reconnaître la signature du virus. C'est cette base de données sur la signature des nouveaux virus qui doit être régulièrement mis à jour. Le risque majeur dans le processus d'éradication est la possibilité de perdre des données importantes si des fichiers ont été infectés. C'est pourquoi la plupart des antis – virus modernes proposent plusieurs options comme celles de la quarantaine, la réparation en dernier recours la suppression. On distingue plusieurs éditeurs d'anti – virus dont les plus importants[19] sont (en propriétaire pour Windows) : *Kaperski, MacAfee, Norton, Avast, AVG* etc.…

Même les autres systèmes d'exploitation (autre Windows), possèdent des versions[20] d'anti – virus.

---

[18] Le nombre d'utilisateurs des autres systèmes que « Windows » est très réduit.
[19] Une liste plus complète incluant les versions libres peut être consultée sur : http://fr.wikipedia.org/wiki/Liste_de_logiciels_antivirus
[20] Toujours consultables sur le lien ci – dessus.

1.5 Conclusion du chapitre

En résumé, nous constatons que la menace « *virus informatiques* » est très sérieuse à l'heure actuelle ou toutes les données, les connaissances et presque le savoir de l'Humanité tendent à être numérisés pour être sauvegardés sur des ordinateurs de bureau, portables, et téléphones mobiles « nouvelle génération » et être échangé sur internet. La menace est si importante telle une « Epée de Damoclès » pointée sur les systèmes informatiques, que parler de sécurité informatique s'associe automatiquement à toute nouvelle sortie technologies. A chaque fois qu'une technologie dite de « dernier cri » apparaît, que des questions se soulèvent : peut-elle être infectée par les virus ?, car l'idée de vivre la période de gloire d'un nouveau type de virus sur ladite technologie étant presque cauchemardesques pour les fabricants.

*Il était une fois, une invention
révolutionnaire : L'Ordinateur ...*

MANLURO

Chapitre 2 : Les virus et les petits ordinateurs

2.1 Définition de la notion de « petit ordinateur »

S'il faille définir la notion de petit ordinateur, il conviendrait de faire encore (comme pour les virus au chapitre 1), un bond en arrière dans le temps afin de mieux s'imprégner de cette notion.

a. Bref historique sur les ordinateurs

Les premiers ordinateurs avaient la taille d'une maison, d'un ou plusieurs bâtiments ! (Les supercalculateurs pour grosses industries, avions, fusées, trains, laboratoires en ont encore les proportions aujourd'hui). Le tout premier à être entièrement numérique a été conçu en 1945 par les ingénieurs américains John Presper Eckert et John William Mauchly (Voir image ci – dessous) [13].

Image 1 : **Premier ordinateur entièrement numérique.**

UPI/THE BETTMANN ARCHIVE/Corbis

Microsoft ® Encarta ® 2009. © 1993-2008 Microsoft Corporation. Tous droits réservés.

L'ordinateur « UNIVAC 1 », fut même le premier ordinateur de ce type à être commercialisé en 1946 [14].

C'est avec l'avènement du transistor, des circuits intégrés vers les années 60, et la miniaturisation que le micro – ordinateurs (nés avec le micro – processeurs) sont apparus [13]. L'usage est donc passé des grandes structures aux personnels avec plus de rapidité dans l'exécution : PC ➔ Personal Computer (Micro-ordinateur ou Desktop). L'image ci – dessous le représente convenablement :

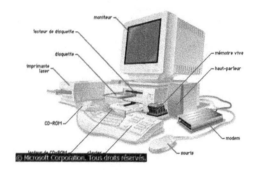

Image 2 : **Un micro – ordinateur**

© Microsoft Corporation. Tous droits réservés.

Microsoft ® Encarta ® 2009. © 1993-2008 Microsoft Corporation. Tous droits réservés.

Après le micro – ordinateurs de bureau, cela va faire bientôt presqu'une trentaine d'années, qu'on est passé des « **Desktops** » aux « **Laptops** » (ordinateurs portables) : plus légers, plus rapides, moins encombrants, plus puissants, mobiles.

Image 3 : **Ordinateur portable** [15].

<u>Exemple de caractéristiques de la machine présentée</u> : Processeur : Intel Core i3 330M, cadencé[21] à 2,13 GHz, RAM[22] : 3072 Mo[23], Carte graphique : ATI Mobility Radeon HD 5470, avec 512 Mo de mémoire dédiée, Taille d'écran : 15,6", Disque dur : 500 Go[24], Système d'exploitation : <u>Windows® 7 Edition Familiale Premium</u>.

Du point de vue des constituants (périphériques, composants), la différence porte essentiellement sur le fait qu'un ordinateur portable c'est un « *tout-en-un* » : souris, clavier, écran et parfois même la webcam[25] sont intégrés dans le même bloc physique que l'U.C[26].

La miniaturisation ne s'est pas arrêtée là. Elle continue de plus belle aujourd'hui avec l'apparition des minis – ordinateurs, des ordinateurs de poche (Pocket PC[27]), des tablettes PC[28].

Image 4 : **Ordinateur de poche** [16]

---

[21] Fréquence.
[22] RAM = Random Access Memory = Mémoire à accès aléatoire ou Mémoire vive (effaçable) d'un ordinateur.
[23] Mo = Mégaoctets = capacité de la RAM.
[24] Go = Giga-octets.
[25] Petite camera permettant la communication instantanée visuelle (sur le Web - internet).
[26] U.C = Unité Centrale de l'ordinateur.
[27] Réf. [16,23].
[28] PC = Personal Computer = Ordinateur personnel

« La miniaturisation des ordinateurs a permis de réaliser des ordinateurs portables et des ordinateurs de poche tenant dans la main tout en ayant une grande puissance. [...] » [17]

b. Types de petits ordinateurs

Après le bref historique précédent, il en ressort qu'on puisse distinguer les petits ordinateurs [18] :

⇨ **Statiques**[29] **:** Les micros – ordinateurs de dernière génération (généralement avec des performances accrues : Multi – core[30], des giga-octets de RAM et de fréquence), mini PC[31], ordinateurs de bureau, stations de travail.

⇨ **Mobiles/Nomades**[32] **:** les ordinateurs portables (dernière génération : multi – core etc..), les ordinateurs de poches (Pocket PC[33]➜ assistant numérique personnel ou PDA[34]), les tablettes PC, les notebook[35].

Exemples : en tapant les mots suivants dans la barre de recherche du moteur « GOOGLE » : « les nouveaux petits ordinateurs » on obtient des millions de résultats !, il ne reste qu'à faire le tri.

Quelques pages contenant des exemples ont cependant retenu notre attention :

1. Le nouveau plus petit PC au monde [19] :

---

[29] Du point de vue de l'énergie : ils ont besoin obligatoirement d'une prise électrique pour fonctionner, ce qui restreint les capacités de mobilités.
[30] Plusieurs « cœurs », centre de calculs à la seconde.
[31] Voir quelques ci – dessous.
[32] Ils fonctionnent sur batterie, et aussi sur prise électrique (lorsque la batterie n'est pas disponible). Cela augmente la mobilité : vous travaillez avec partout grâce à la batterie, la seule limite étant temporelle suivant le degré de charge de la batterie (comme les téléphones).
[33] Voir Réf. [13].
[34] PDA = Personal Digital Assistant.
[35] **Notebook :** Ordinateur Bloc – notes.

Image 5 : **Le Slim.**

2. Le mini PC de ViewSonic [20] :

Image 6 : **ViewSonic VOT550**

3. PC tablette[36] **sous windows XP** [21] :

Image 7 : **Tablette PC.**

Il faut reconnaître que vu la miniaturisation, la frontière entre les nouveaux téléphones mobiles[37] et les petits ordinateurs mobiles tend à s'amenuiser. Les seules différences demeurant leur principale fonction, leur taille et les systèmes d'exploitation utilisés.

---

[36] Ordinateur mobile de la forme d'une ardoise équipée d'un écran tactile utilisable avec un stylet.
[37] Ils feront l'objet du 3ème chapitre.

Un exemple typique du flou existant entre les petits ordinateurs et les nouveaux téléphones mobiles est l'IPAD d'APPLE sorti en 2010 :

Image 8 : **IPAD d'APPLE INC** [22].

On peut entrevoir les diverses fonctionnalités multimédia présentés. Pour ce qui est du ViewSonic VOT 550 de ViewSonic précédent[38], il paraît livré avec le système d'exploitation Windows 7 Home Premium [20].

c. L'avenir des petits ordinateurs :

De part leur petite taille les mini PC, vont de manière progressive, remplacer les ordinateur de bureau classique. D'ici 2012, selon un article sur le net de l'*économiste*[39], on devrait atteindre les 50 millions d'unités de mini PC [24]. Selon cet article le Directeur de la recherche du cabinet d'Etude Gartnet, expliquerait l'engouement pour ces technologies : *« [...] la petite taille des modèles proposés, leur poids léger, leur faible prix, leur facilité d'utilisation et les fonctions à la fois basiques et essentielles dont ils disposent ».*

---

[38] 2ème image des exemples précédents.
[39] Journal de l'économie du Maroc.

La conservation et l'échanges des données dans des ordinateurs de bureau deviennent de plus en plus obsolètes avec l'avènement de la miniaturisation et du nomadisme. Les ordinateurs portables ou petits ordinateurs mobiles (Laptops) de part leur taille et leur principal atout qu'est la mobilité, sont également en plein essor de commercialisation. Ils sont en train de remplacer progressivement, les ordinateurs appelés « desktops » (ordinateurs de bureau).

2.2 Les virus peuvent-ils affecter les petits ordinateurs ?

En règle générale, nous avons vu au chapitre 1, que les véritables failles permettant l'infection des ordinateurs par les virus informatiques, sont celles des systèmes d'exploitations[40] sous – jacents [25]. Les petits ordinateurs n'échappent donc pas à cette règle puisqu'étant dotés des mêmes systèmes d'exploitation. Ayant le statut d'ordinateurs, ils ne diffèrent principalement que des proportions du hardware, et donc de la capacité de mobilité, ainsi que la *convergence des services/périphériques[41]* en « un ».

Ce qui signifie, les mêmes O.S que les ordinateurs dits statiques sont installés sur les petits ordinateurs.

Ce fait implique forcément que la vulnérabilité aux virus informatiques des systèmes d'exploitation entraine également celle des petits ordinateurs qui les abritent.

Par conséquent, s'il est possible pour les concepteurs de virus informatiques (hackers[42]) d'infecter les ordinateurs de bureau que ce soit en réseau (Internet, intranet[43], extranet[44] etc....) alors il en est de même pour les petits ordinateurs.

---

[40] Revoir la liste sur le lien proposé en note de bas de page à la page 16.
[41] Regroupements des principaux périphériques des ordinateurs en un bloc portables : souris, clavier, écran etc....
[42] Hacker = pirate informatique (Cf. Réf. [26]).
[43] Cf. Réf. [17, 18].
[44] Cf. Réf. [17, 18].

Nous dirons même que *le risque est plus élevé pour les petits ordinateurs mobiles/nomades* que ceux qui sont statiques, d'un point de vue de la fréquence d'utilisation, de la connexion aux réseaux informatiques et du compactage (convergence des services/périphériques en « un »). En effet, les qualités principales de ces appareils que sont la mobilité, la miniaturisation/compactage en « un », et la facile accessibilité aux réseaux informatiques sont aussi leur talon d'Achille[45] [27 – 32].

⇨ *La mobilité comme point faible :*

Plus les ordinateurs sont mobiles, plus il est possible pour les propriétaires de les utiliser à tout bout de champ, pour toutes les activités nécessitant un ordinateur, de les connecter n'importe où et quand : il en vient que ceux – ci en viennent parfois à devenir plus laxistes et négligents sur les règles de sécurité et de prévention aux attaques. Une étude socio – psychologique crédible sur l'ergonomie de l'interaction entre ces appareils et les humains mettrait ce constat en exergue.

Pour étayer notre opinion, nous pouvons nous référer à la source [33] :

« Le nomadisme crée déjà une fragilité importante […] »
Les précautions habituelles[46] ne pouvant convenablement pas être pas être appliquées de la même façon que les micros – ordinateurs de bureau.

⇨ *La miniaturisation/compactage en « un » comme point faible :*

Naturellement, la logique voudrait que, si l'on courait des risques avec un ordinateur à composants indépendants (sur plan physique = hardware) comme les micros – ordinateurs de bureau, que ces risques s'accroissent pour ceux des ordinateurs dits « tout en un » comme les ordinateurs portables. Pour la simple raison que l'infection s'étendrait directement sur l'ensemble du matériel. Prenons le cas d'un ordinateur de bureau, à l'intérieur de ceux – ci ils y a possibilité d'avoir souvent plusieurs disques physiques de stockages, ce qui peut permettre de minimiser les

---

[45] Point faible.
[46] Celles énoncées au chapitre 1.

risques d'infection en les localisant sur certains disques ou unités de stockage. Tandis qu'en général les ordinateurs portables actuels avec leur miniaturisation/compactage, ne possèdent qu'un seul disque[47] dur (unité physique de stockage de données), ce qui augmente sensiblement le risque d'infection aux virus. Le risque est d'autant plus élevé, que les disques des ordinateurs portables actuels ont de très grandes capacités[48].

⇨ *La facile accessibilité aux réseaux informatiques comme point faible :*

Nul ne dirait le contraire au fait qu'à l'origine l'idée de la conception d'ordinateurs portables/mobiles/nomades était basée sur la conception d'ordinateurs se connectant plus facilement aux réseaux informatiques, voir au réseau des réseaux qu'est internet par le biais de réseaux informatiques sans fils (Bluetooth[49], Wifi[50] se propageant sur les ondes hertziennes) [27 – 32]. En effet, il est plus facile de se connecter aux réseaux sans fils avec les petits ordinateurs portables qui sont (en général) équipés naturellement de carte réseau détecteur de Wifi, qu'avec les ordinateurs fixes de bureau qui à l'origine ne sont pas équipés de carte réseau sans fil (mais qu'on installer manuellement après achat pour certains). Aussi, le fait que les ordinateurs mobiles soient plus accessibles sur les réseaux, les expose plus aux attaques réseaux[51] (« *les vers/Worms*», détournement de connexion, espionnage de connexion …).

Toujours selon la source [33] déjà évoquée précédemment :

« La propagation hertzienne favorise les indiscrétions […] »

Ceci est principalement dû au fait que le média[52] est ouvert, contrairement aux médias filaires[53] où une protection physique de premier niveau existe.

---

[47] Faute d'espace suffisant due à la miniaturisation.
[48] Bien qu'il existât la possibilité de réaliser des partitions virtuelles du disque.
[49] C'est un WPAN = Wireless Personal Area Network = Réseau personnel sans fil (Zone d'utilité : dizaine de mètre).
[50] C'est un WLAN = Wireless local Area Network = Réseau local sans fil (équivalent sans fil d'Ethernet.)
[51] Cf. Chapitre 1.
[52] Moyen de communication.

⇨ *La croissante hégémonie des petits ordinateurs comme point faible :*

Il est normal aussi de constater que vu la croissance en terme de nombre d'utilisateurs de petits ordinateurs mobiles, ceux – ci seront plus susceptibles d'être attaqués que leurs prédécesseurs classiques (qui deviennent moins nombreux).

---

[53] Câbles coaxiaux, fibre optique.

2.3 Conclusion du chapitre

En résumé, sur la question de la possibilité de l'infection des petits ordinateurs par les virus informatiques, il ressort de tout ce qui a été dit plus haut dans ce chapitre, qu'en raison de la véritable différence entre ceux – ci et les micro – ordinateurs classiques qui porte plus sur le hardware que le software, les systèmes d'exploitations étant les mêmes, les petits ordinateurs sont eux aussi vulnérables aux virus sinon plus encore. L'augmentation des risques d'infections étant dues justement aux différences (miniaturisation – mobilité/nomadisme – facile accessibilité aux réseaux informatiques). Les méthodes et règles de sécurité énoncées au chapitre 1 sont donc également valables pour les petits ordinateurs. On peut même ajouter qu'elles doivent même être plus rigoureuses sur les petits ordinateurs pour les mêmes raisons que l'origine leur vulnérabilité élevée. Les téléphones mobiles (nouvelle génération[54]) étant plus petits (miniaturisés) que les petits ordinateurs, ne seraient – ils pas encore plus vulnérables aux virus[55] ?. C'est ce sur quoi portera notre propos au prochain chapitre.

---

[54] Se dit des téléphones mobiles de 3ème et 4ème génération (3G, 4G) destinés aux hauts débits (Cf. Réf. [34]).
[55] Bien évidemment si l'infection aux virus informatiques ne portait que sur la taille.

« J'ai un iPhone, avec lequel j'écoute le dernier clip de mon musicien préféré précédemment téléchargé sur Youtube, tout en jetant un coup d'œil à mon profil Facebook. Zut !, je pense que je me suis perdu ! il faudrait que je prenne une photo de cet endroit pour l'envoyer à mon ami(e), lui (ou elle) pourrait me dire où je me trouve. Pendant que j'y pense ce serait préférable d'utiliser mon GPS, car ce serait plus plus compliqué avec GOOGLE EARTH... »

Monologue d'un utilisateur d'Iphone

Chapitre 3 : Les virus et les nouveaux téléphones mobiles

3.1   Généralités sur la notion de « nouveau téléphone mobile » :

La petite anecdote précédente, nous décrit grosso – modo, à quoi pourrait renvoyer l'usage d'un iPhone. Toutefois, il n'y a aucun mal à refaire un peu d'histoire sur la téléphonie mobile afin de mieux appréhender la notion de « nouveau » téléphone mobile pour nous contemporains de l'an 2011.

a. Bref historique [34] :

Les premiers réseaux de télécommunication incluaient déjà la téléphonie. Bien entendu cela a commencé avec les postes fixes comme pour les ordinateurs (téléphones de 1ère génération). L'évolution du numérique et la banalisation de l'informatique a conduit à l'émergence de la téléphonie mobile dite cellulaire d'abord basée sur GSM[56] (2G : 2ème génération) jusqu'en 2000.

Mais même avec GSM, on était toujours trop orienté téléphonie (transfert de la voix) que données (internet, multimédia etc....). Il a fallu attendre l'arrivée de GPRS[57] en 2001, pour que cette possibilité puisse voir le jour. GPRS étant une évolution de GSM, il est en général vu avec EDGE[58] comme des intermédiaires entre la téléphonie de 3ème génération (3G : UMTS[59]) et GSM.

La véritable révolution technique en ce qui concerne la téléphonie mobile vient avec UMTS (3G), où converge systèmes informatiques et téléphonie incluant

---

[56] GSM = Global System for Mobile.
[57] GPRS = General Packet Radio Services.
[58] EDGE = Enhance Data rates for GPRS Evolution.
[59] UMTS = Universal Mobile Telecommunication system.

internet, transfert de la voix, échanges de données (images, messagerie, vidéos) : le multimédia global à haut débit... [35].

Des débits plus importants et améliorations sur le codage des données sont implémentés par les téléphones de générations suivantes (3,5 G ou 3G+ : HSPA[60] on peut atteindre 3,6 Mbits/s) et la 4G depuis l'an 2010 pour les très hauts débits (HSOPA[61], LTE, LTE – A[62]) permettant d'atteindre les 100 Mbits/s à 1 Gbits/s ! comparativement aux 2 Mbits/s d'UMTS et les 23 Kbits/s de GSM.

b. Définition [34]

On peut donc en conséquence de l'historique précédent décrire un nouveau téléphone mobile (à l'heure actuelle : en 2011[63]) comme un téléphone appartenant à la 3ème génération de mobiles (UMTS) ou plus (3,5G et 4G)[64].

Les nouveaux téléphones mobiles sont donc ceux qui permettent les opérations plus complexes avec des performances plus importantes que celles des portables classiques sous GSM/GPRS/EDGE. Ils sont en général appelés *téléphones multimédia* de part les services multimédia qu'ils proposent : lecture/échanges de vidéos, images, messagerie, accès au Web/internet, localisation géographique GPS, visiophonie[65] etc....

Quelques exemples de téléphones mobiles « 3G et + » sont :

Les « *smartphones* » : **téléphone 3G et plus** disposant aussi des fonctions d'un PDA.

Comme exemples on a :

- L'*iPhone* conçue et commercialisée par APPLE INC fonction sous le système d'exploitation pour téléphones mobiles d'APPLE « Ios » :

---

[60] HSPA = High Speed Protocol Access.
[61] HSOPA = High Speed OFDM Packet Access.
[62] LTE – A = Long Term Evolution Advanced.
[63] Il se pourrait que d'ici quelques années cette définition à un autre type de téléphones mobiles différents de ceux présentés ici dans ce rapport : vu que ça continue d'évoluer !!!
[64] A partir de maintenant lorsqu'on parlera de téléphone 3G, 3.5G ou 4G on écrira simplement « 3G et + ».
[65] Visiophonie = voir en direct (instantanée) l'image réelle et dynamique de l'appelant (équivalent de la Webcam pour les ordinateurs).

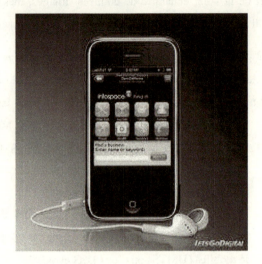

Image 8 : **Un iPhone** [36].

- **Les BlackBerry :**

Image 9 : **BlackBerry 9300** [37].

Nous avons dit précédemment que les IPAD d'APPLE INC, étaient intermédiaire entre les smartphones et les ordinateurs portables :

Image 10 : **l'appareil le plus petit est un iPhone, le grand à côté est un Ipad** [38].

Pour avoir un aperçu des fonctionnalités accrues de ces nouveaux téléphones mobiles « 3G et + », un coup d'œil sur l'iPhone de Sony-Ericsson : « Sony – Ericsson Xperia Kyno » [39]. On peut surfer sur internet (Youtube, Google etc.), suivre de la musique MP3, envoyer des MMS[66] vidéos et des e-mails, se repérer au GPS : il est sous le système d'exploitation pour téléphone mobile « Android [67]».

c. Etat actuel du marché et avenir des nouveaux téléphones mobiles :

Selon la source [34], la part du marché des nouveaux téléphones mobiles est croissante :

« En août 2005, il y avait 33 millions de clients 3G dans le monde, ce nombre est passé à 265 millions trois ans plus tard (2008) et a franchi la barre des 500 millions en janvier 2010 [...]. »

On a le tableau d'évolution suivant, provenant de la même source :

---

[66] MMS : Multimédia Messaging System, service de transfert de fichiers multimédia ayant déclassé le service SMS (Short Message Service) de messages courts par téléphones [40].
[67] Système d'exploitation pour téléphone mobile Open source de la famille Linux (Cf. Réf [41]) développé par GOOGLE.

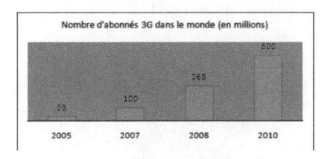

Image 11 : **Historigramme de l'évolution du nombre d'utilisateurs des mobiles « 3G et + »**

C'est dire si ce marché est promoteur ! On peut lister quelques marques qui évoluent dans le secteur : NOKIA, SAMSUNG, MOTOROLA, BLACKBERRY, APPLE, SONY, HTC [39] etc....

Chacune veut se tailler la part du lion dans ce marché.

En ce qui concerne les systèmes d'exploitation pour nouveaux téléphones mobiles, ils sont nombreux. Les plus hégémoniques sont [41]:

⇨ *Sambin* de NOKIA qui est le leader du marché avec 51%.

⇨ **RIM/BlackBerry** OS de BlackBerry, 2nd mais pas très loin du suivant avec 18,2%.

⇨ **Android** de GOOGLE qui évolue à grande vitesse et se situe actuellement à 17,2% après dépassé le suivant.

⇨ **iOS** d'APPLE INC qui ralenti à seulement 14,2%.

⇨ **Windows mobile** de Microsoft qui reste l'un des petits poucets du marché à 5%.

Selon la référence [42], on aurait plutôt la répartition suivante :

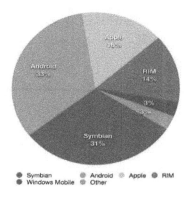

Image 12 : **Part du marché en 2010, des systèmes d'exploitation mobiles selon Gartner[68]**

Toutefois, à regarder ces chiffres, on ne saurait dire qu'un système règne réellement sans partage sur le marché des smartphones, il y a une sorte d' « équilibre », ce qui n'est pas le cas pour les ordinateurs où l'O.S *Windows* de Microsoft étend sa suprématie sur les autres.

3.2 Les virus peuvent-ils affecter les nouveaux téléphones mobiles ?

Naturellement vu l'évolution avec laquelle ces téléphones se répandent et attirent la population consommatrice du 21ème siècle, c'est sans compter la nuisibilité des informaticiens malintentionnés et sans scrupules que sont les hackers, fabricants de virus qui non satisfaits de s'être rendus champions de *terrorisme informatique* en ce qui concerne les ordinateurs classiques, petits ordinateurs etc.... (la peur de l'infection par des virus informatiques de plus en plus virulents et intelligents), se sont immédiatement lancés à la conquête de ce nouvel « *el dorado* » des téléphones mobiles de nouvelle génération.

---

[68] Cabinet d'étude.

Par Lucien Mandeng Mandeng

Il était à peine imaginable encore il ya 15 ans que ce fléau vint à s'en prendre aux téléphones mobiles !, mais une étude crédible faite par des scientifiques tels Pu Wang et Cie, des universités Northeastern et de Notre-Dame aux Etats-Unis permet aujourd'hui de prendre conscience de cette possibilité [43].

« L'explosion du marché des smartphones, [...],
réjouit les férus de la technologie. Mais les
créateurs de virus, encore discrets attendent
leur heure pour infecter à grande échelle ces
nouvelles plates-formes. »

Source [30]

3.2.1 Bref rappel sur les virus des téléphones mobiles :

La particularité des téléphones mobiles comparativement aux ordinateurs étant le nombre restreint d'applications logicielles complexes et de services car orientés principalement vers la téléphonie (transfert de la parole) a épargné pendant un moment ces plateformes du fléau « virus informatiques ». Mais l'évolution aidant : 3G ➜ 4G, ce qui était un mythe est devenu réalité.

En fait on dit que les virus des téléphones mobiles sont de deux catégories importantes suivant leur mode de propagation [43]:

> Les virus MMS: un cas nommé « ***MMS Bomber*** » s'est répandu en chine, sur les nouveaux téléphones. La référence [44] en fait écho :

« Le virus est déguisé en application; une fois installé, le virus se connecte automatiquement à Internet, et envoie des SMM contenant des URL[69] malveillants à des numéros mobiles aléatoires [...] ».

Ce qui naturellement fait perdre de l'argent aux utilisateurs.

> Les virus Bluetooth : le premier virus pour mobile a été recensé dans cette catégorie, est nommé *« Cabir »* [45 – 47].

Ce virus attaque le système d'exploitation « Symbian » installé sur la plupart des mobiles NOKIA, en se faisant passer pour un logiciel de sécurité nommé : « Caribe security Manager », sous la forme de fichier d'extension .sis, une fois installé, il envoie une copie de lui – même sur le premier mobile rencontré sur le réseau. Mis à part cela, il est dit « inoffensif ».

Cependant, un type de virus se propageant via les SMS a été également détecté [48]. Celui – ci a été localisé en Russie principalement, une fois installé, il envoie des SMS[70] surtaxés sans la permission du propriétaire du smartphone sous « Android ».

---

[69] URL = Uniform Resource Locator.
[70] Short Message Service

3.2.2 Ampleur du fléau pour les nouveaux téléphones mobiles et extrapolation pour le futur

Entre les deux catégories principales de virus distinguées à la section précédente, seule celle des virus MMS est la plus dangereuse, celle des virus Bluetooth se répandant plutôt lentement car conditionné par la mobilité humaine [43]. Nous rappelons ici que Bluetooth est un réseau informatique personnel sans fil dont l'étendue est d'une dizaine de mètre seulement. Il en ressort donc que le virus Bluetooth ne peut contaminer les appareils que de proche en proche, ce qui le rend vulnérable à une rapide mise en quarantaine de la zone touchée.

Les virus MMS sont plus dangereux car ils sont capables de se répandre plus vite et infecter un nombre important d'utilisateurs de mobiles « 3G et + ». Ce qui fait qu'arrêter la contamination serait chose difficile si cela arrivait.

Cependant, selon l'étude menée dans la référence [43], la progression de ce type de virus est encore faible vu la pléthore de systèmes d'exploitation pour téléphones mobiles. Le fait que les utilisateurs soit presque répartis dans un certain « équilibre » entre les divers opérateurs du marché, implique qu'il est plus difficile pour les concepteurs de virus pour smartphones d'infecter un grand nombre d'utilisateurs : puisque les virus sont conçus pour un système d'exploitation précis. Il s'agit d'une **question de seuil** : tant que le nombre de smartphones n'aura pas atteint un certain nombre de propriétaires, tout en étant utilisés sous un même système d'exploitation, la menace des virus pour téléphones mobiles « 3G et + » serait encore à minimiser.

Toutefois, Pu Wang et Cie [43, 49], démontrent à l'aide d'une théorie scientifique sur les réseaux « *la théorie de percolation[71]* », la possibilité d'un basculement de la situation lorsque le seuil critique sera atteint par l'uniformisation de l'industrie du téléphone mobile qui est inéluctable[72].

---

[71] R. Cohen et al. Physical Review Letter, 85, 4626, 2000.
[72] Puisque d'après la source Réf. [43], des estimations indiquent que d'ici 3 ans environ, les smartphones auront dépassé le nombre d'ordinateurs de bureau.

3.3 Conclusion du chapitre

En bref, l'évolution sur la téléphonie mobile a conduit à l'apparition des téléphones « 3G et + », dits multimédia (transmission de la parole, images, messages, vidéos etc.) à haut débits, mais également que ceci avait également attiré les concepteurs de virus informatiques qui veulent investir ces plates-formes comme ils l'ont déjà fait avec les ordinateurs. Bien que certains cas de virus type MMS, Bluetooth et SMS aient été recensés il n'en demeure pas moins que l'ampleur du fléau est loin d'être inquiétante pour le moment. La raison à cela est la fragmentation « quasi – équilibrée » du marché des systèmes d'exploitation pour téléphones mobiles et le nombre encore faible d'utilisateur de la 3G (comparativement aux téléphones classiques), ce qui rend la tâche très difficile aux créateurs de virus. Toutefois, avec la croissance du nombre d'utilisateurs et l'inéluctable uniformisation des systèmes d'exploitation pour téléphones mobiles, il a été démontré scientifiquement à l'aide de la théorie de percolation, que la menace risquerait d'augmenter dangereusement surtout en ce qui concerne les virus MMS censés être plus dangereux. Il serait donc souhaitable pour les opérateurs de ce marché, de réfléchir dès à présent sur le renforcement de la sécurité des nouveaux téléphones mobiles enfin d'endiguer cette éventuelle menace.

Conclusion Générale

En somme, il était question de répondre à la préoccupation de savoir si les nouveaux téléphones mobiles et les petits portables étaient vulnérables aux virus. Tout d'abord, nous avons présenté la notion de « virus informatique », en donnant quelques exemples ayant causés des dommages remarquables ainsi que quelques méthodes permettant de les combattre. Ensuite, nous avons vu dans le second chapitre que la principale différence entre les petits ordinateurs et les ordinateurs classiques portait essentiellement sur le hardware, ce qui impliquait directement que les premiers pouvaient donc être également vulnérables aux virus informatiques comme les seconds puisque tous supportaient les mêmes systèmes d'exploitation. En ce qui concerne les nouveaux téléphones mobiles dits de génération « 3G et + », il a été montré que les performances et fonctionnalités accrues sur le multimédia apportaient avec elles des failles, permettant l'infection des virus informatiques comme ceux de types MMS, Bluetooth pour ne citer que ceux – là. Le virus MMS étant plus dangereux que le virus Bluetooth, de part sa rapide expansion, nous avons vu que le phénomène n'était pas aussi développé que pour les ordinateurs. La raison de ceci réside dans la fragmentation du nombre d'utilisateurs de mobiles 3G en plusieurs groupes utilisant des systèmes d'exploitation différents rendant ainsi compliquée la tâche des créateurs de virus. Toutefois, l'évolution des technologies et des études laissent penser que cela pourrait changer, il est alors du devoir des acteurs du marché des téléphones mobiles « 3G et + », d'en prendre note pour mettre sur pied des politiques sécuritaires drastiques visant à décourager tout créateur de virus, afin que l'utilisateur de smartphone lambda puisse se sentir en sécurité dans ce monde dynamique du numérique.

Références

[1] Article sur **"APPLE"** publié sur Wikipédia, [online] : http://fr.wikipedia.org/wiki/Apple#iPhone, dernière mise à jour le 22/05/2011, consulté le 23/05/2011.

[2] Lucien M. Mandeng, *« Politique de sécurité »*, Certificat d'informatique de niveau 2 pour les métiers d'ingéniers, (Semestre 1, 2010), MASTER 2 SIIN E-MIAGE.

[3] Club de la Sécurité des Systèmes d'Information Français (CLU.S.I.F), *« Les Virus informatiques »*, [online], Version PDF, dernière mise à jour : Décembre 2005, Espace menaces – Groupe Virus, consulté le 16/07/2010.

[4] Article sur *"virus (informatique)."* Microsoft® Encarta® 2009 [DVD]. Microsoft Corporation, 2008.

[5] Gérard – Michel Cochard, cochard@u-picardie.fr, *« Virus, vers et Cie »*, Chapitre 6 du cours du Module D312 (Sécurité des systèmes d'information), MASTER 2 E-MIAGE (UPJV) 2011.

[6] Article sur *"Cheval de Troie"*, Microsoft® Encarta® 2009 [DVD]. Microsoft Corporation, 2008.

[7] Article sur *"les virus informatiques."* Microsoft® Encarta® 2009 [DVD]. Microsoft Corporation, 2008.

[8] Vidéo présentant le virus Brain, *"Brain : first computer virus"*, [online] : http://www.royalkicker.com/brain-first-pc-virus, consultée le 26/05/2011.

[9] Michel Dubois, myshell.dubois@neuf.fr, *"Histoire des virus informatique"*, [online]: http://vaccin.sourceforge.net/docs/histoire2.html,

consulté le 21/05/2011.

[10] Article sur *"I love you"*, publié sur Wikipédia, [online] : http://fr.wikipedia.org/wiki/I_love_you_%28ver_informatique%29, dernière mise à jour le 25/05/2011, consulté le 26/05/2011.

[11] Article publié sur Wikipédia, « *Virus informatique* », [online] sur http://fr.wikipedia.org/wiki/Virus_informatique, dernière mise à jour 13 juillet 2010 à 23:14, date de consultation : 16/07/2010 à 19 :23.

[12] Article publié par Sebsauvage, [online] sur http://www.commentcamarche.net/faq/5865-mythe-linux-est-invulnerable-face-aux-virus, Dernière mise à jour le 29 octobre 2009 à 09:57, consulté 25/05/2011.

[13] Article sur *"ordinateur"*, Microsoft® Encarta® 2009 [DVD]. Microsoft Corporation, 2008.

[14] Article sur *"Ordinateur UNIVAC 1"*, Microsoft® Encarta® 2009 [DVD]. Microsoft Corporation, 2008.

[15] Présentation de l'ordinateur portable sur le site de vente [online], http://www.pixmania.com/fr/fr/6971738/art/asus/a52je-ex209v.html, consulté le 27/05/2011.

[16] Image d'ordinateurs de poche, « http://www.google.cm/search?q=

ordinateur+de+poche&hl=fr&client=firefox-&hs=rPV&rls=org.mozilla:fr:

official&prmd=ivns&tbm=isch&tbo=u&source=univ&sa=X&ei=vz_lTc6hJo6BhQe O4MjzBw&ved=0CDgQsAQ&biw=1280&bih=583 », consulté le 27/02/2011.

[17] Légende de l'image de l'*"ordinateur de poche."* Microsoft® Encarta® 2009 [DVD]. Microsoft Corporation, 2008.

[18] Article sur l' *« ordinateur »*, [online] sur Wikipédia :

http://fr.wikipedia.org/wiki/Ordinateur, consulté le 23/05/2011.

[19] Article sur *« le nouveau plus petit PC du monde »*, publié par David Civera le jeudi 18 septembre 2008 à 02:20, [online] sur http://www.presence-pc.com/actualite/Fit-PC-Slim-31402/, consulté le 24/05/2011.

[20] Article sur « ***Deux nouveaux mini PC chez ViewSonic*** », publié par Yannick Guerrini le lundi 23 novembre 2009 à 15:20, [online] sur http://www.presence-pc.com/actualite/ViewSonic-VOT530-VOT550-37261/, consulté le 24/05/2011.

[21] Article sur la « ***tablette PC*** », [online] sur Wikipédia : http://fr.wikipedia.org/wiki/Tablet_PC, consulté le 23/05/2011.

[22] Page web de présentation de l'Ipad, [online] :

http://www.apple.com/fr/ipad/features/, consulté le 27/05/2011.

[23] Article sur le «*Pocket PC* », [online] sur Wikipédia : http://fr.wikipedia.org/wiki/Pocket_PC, consulté le 23/05/2011.

[24] Article *"Le marché des mini-PC portables a de l'avenir"*, L'Economiste, Edition N°2840 du 13/08/2008, consultable sur

http://www.leconomiste.com/article/le-marche-des-mini-pc-portables-de-l-avenir?page=2.

[25] Classement « ***Les principaux systèmes d'exploitation*** », Microsoft® Encarta® 2009 [DVD]. Microsoft Corporation, 2008.

[26] Document électronique en PDF du B3 (online) du

Référentiel C2i2mi Version 2.0 pour la formation au C2i, par Alain BERRO, Nathalie VALLES-PARLANGEAU de l'Université de Toulouse 1 et David PANZOLI, Jean-Christophe SAKDAVONG de l'Université de Toulouse 2 sur

«Sauvegarder, sécuriser, archiver ses données en local et en réseau filaire ou sans fil ».

[27] Christophe MAILLET, *«La sécurité et les autres »*, Chapitre 5 du cours du module D227 MASTER SIIN (Semestre 1, 2010) E-MIAGE (UPJV).

[28] Nicolas Hernandez, *« Communications sécurisées –Protocoles »*, [online], Université de Nantes, consulté le 28/05/2010.

[29] *« Chapitre 2 : Réseaux informatiques sans fils »*, Chapitre 2 du cours du Module D219 (Haut débit et Nomadisme), MASTER 2 E-MIAGE (UPJV), Version du 2nd semestre 2010.

[30] Philippe Dussuel - Miage Bordeaux, *« Introduction à la Mobilité»*, date de dernière modification : 12 janvier 2006, Chapitre 7 du cours du Module D227 (Technologies récentes des réseaux) MASTER 2 E-MIAGE (UPJV) 2010.

[31] Philippe Dussuel - Miage Bordeaux, *« Couches basses WWAN (GSM, GPRS, UMTS)»*, date de dernière modification : 12 janvier 2006, Chapitre 8 du cours du Module D227 (Technologies récentes des réseaux) MASTER 2 E-MIAGE (UPJV) 2010.

[32] Philippe Dussuel - Miage Bordeaux, *« Le Wifi et les normes 802.11»*, date de dernière modification : 20 janvier 2006, Chapitre 9 du cours du Module D227 (Technologies récentes des réseaux) MASTER 2 E-MIAGE (UPJV) 2010.

[33] Philippe Dussuel - Miage Bordeaux, *« Mobilité couches hautes, sécurité et prospective : mobilité et sécurité»*, date de dernière modification : 20 janvier 2006, Chapitre 10 du cours du Module D227 (Technologies récentes des réseaux) MASTER 2 E-MIAGE (UPJV) 2010.

[34] *« Chapitre 4 : Réseaux cellulaires »*, Chapitre 4 du cours du Module D219 (Haut débit et Nomadisme) MASTER 2 E-MIAGE (UPJV) version du 2nd semestre 2010.

[35] Article sur la *« 3G »*, publié sur Wikipédia, [online] : http://fr.wikipedia.org/wiki/3G, dernière mis à jour le 21 mai 2011, consulté le 22/05/2011.

[36] Images d'iPhones, [online] : http://www.google.cm/search?q= iphone&hl=fr&client=firefox-a&hs=4YZ&rls=org.mozilla:fr:official &prmd=ivnsurl&tbm=isch&tbo=u&source=univ&sa=X&ei=Cn7lTeXdOM2BhQepj 5HzBw&ved=0CDYQsAQ&biw=1280&bih=583, consulté le 26/05/2011.

[37] Site web sur les BlacBerry "http://www.evertronic.be/produit.php?categorie=BlackBerry".

[38] Article sur *"APPLE"*, publié sur Wikipédia, [online] : http://fr.wikipedia.org/wiki/Apple#iPad, dernière mise à jour 27/05/2011, consulté le 28/05/2011.

[39] Page web présentant la fiche technique du mobile *"SONY-*

ERICSSON XPERIA KYNO", [online] :

http://www.graphmobile.com/fiche/sony-ericsson-xperia-kyno.htm, consulté le 25/05/2011.

[40] Article sur le *« Téléphone mobile »*, Microsoft® Encarta® 2009 [DVD]. Microsoft Corporation, 2008.

[41] Article sur *"Android"* publié sur Wikipédia, [online] http://fr.wikipedia.org/wiki/Android, dernière mise à jour le 28 Mai 2011, consulté le 28/05/2011 à 20h.

[42] Christophe Lagane, *« Android, le troisième OS mobile le plus populaire au monde »*, publié sur Silicon.fr le 12 Août 2010 à 16 :27, [online] :http://www.silicon.fr/android-le-troisieme-os-mobile-le-plus-populaire-au-monde-41447.html, consulté le 27/05/2011.

[43] Article intitulé *«Nos téléphones mobiles menacés par les virus »*, apparu dans la revue ''La recherche'', N°434 d'octobre 2009, Pages 60 – 62, version traduite et adaptée de l'article original de Shlomo Havlin publié dans Science, Vol. 324, P. 1023.

[44] Pr Newswire, « *Des millions de téléphones mobiles sont touchés par le virus mobiles endémiques MMS Bomber en Chine* », [online] : http://www.generation-nt.com/millions-telephones-mobiles-sont-touches-par-virus-newswire-991382.html, Communiqué de presse publié sur l'ITEspresso.fr le 2 Avril 2010 à 23 :40, consulté le 24/05/2011.

[45] Nicolas Aguila, « *Le premier virus pour téléphone portable : maintenant, c'est du sérieux* », publié sur http://www.infos-du-net.com/actualite/3101-virus.html, le mardi 15 juin 2004 à 20 :20, consulté le 25/05/2011.

[46] Jean-Pierre Louvet et Benjamin Chervet, « *Cabir, premier virus pour téléphone portable se propageant par réseau* », publié sur Futura-Sciences le 16 Juin 2004 [online] : http://www.futura-sciences.com/fr/news/t/high-tech-4/d/cabir-premier-virus-pour-telephone-portable-se-propageant-par-reseau_3874/, consulté le 25/05/2011.

[47] Sébastien, « *Cabir : premier virus pour téléphone portable* », publié sur Essentiel PC le 16 Juin 2004 à 12 :43 [online] : http://www.essentielpc.com/actualites/308-cabir-virus-telephone-portable.html, consulté le 25/05/2011.

[48] Christophe Lagane, « *Sécurité : Trojan-SMS, le premier malware dédié à Android* », [online] : http://www.intrapole.com/spip.php?article821, le 12/08/2010, consulté le 22/05/2011.

[49] P. WANG, M. C. GONZALEZ, C. A. HIDALGO ET A. L. BARABASI, « UNDERSTANDING THE SPREADING PATTERNS OF MOBILE PHONE", SCIENCE 324, 1071 (2009).

www.ingramcontent.com/pod-product-compliance
Lightning Source LLC
La Vergne TN
LVHW042350060326
832902LV00006B/516